Der Kairos

René Kanzler

Der Kairos

René Kanzler

freigeist

Freigeist Verlag, Berlin

www.renékanzler.de

www.freigeist-verlag.net

Lektorat: Hannes Schumacher

Cover: Karolin Werner

ISBN: 978-3-9816351-2-6

»Denken wir uns ein Theater, der Vorhang ginge auf und wir sähen einen Menschen allein in seinem Zimmer auf und ab gehen, sich eine Zigarette anzünden, sich niedersetzen, u.s.f., so, daß wir plötzlich von außen einen Menschen sähen, wie man sich sonst nie sehen kann; wenn wir quasi ein Kapitel einer Biographie mit eigenen Augen sähen, – das müßte unheimlich und wunderbar zugleich sein. Wunderbarer als irgend etwas, was ein Dichter auf der Bühne spielen oder sprechen lassen könnte, wir würden das Leben selbst sehen. – Aber das sehen wir ja alle Tage, und es macht uns nicht den mindesten Eindruck! Ja, aber wir sehen es nicht in d e r Perspektive.«

»Manchmal kann ein Satz nur verstanden werden, wenn man ihn im r i c h t i g e n T e m p o liest.«

Ludwig Wittgenstein, ›Vermischte Bemerkungen‹

Vorwort

Liebe Leserin, lieber Leser,

dieses Buch ist durch die Lektüre Nietzsches beeinflusst. Das will ich bemerken, da das Buch ein ehrliches ist. Nun solltest du, der die Verse lesen wird, nicht daraus schließen, dass alles eine Wiederholung von bereits Gesagtem sei. Hier und da wirst du Bezüge zum Philosophen feststellen. Allzu oft aber bemühte ich mich, meinen Protagonisten weiterdenken oder auch einen gedanklichen Schritt zurück oder entgegen des Altphilologen wagen zu lassen.

Und was hat es mit den Wittgenstein-Zitaten auf sich? Sie unterstützen dieses Vorwort. Ich möchte dir zu verstehen geben, dass das Buch keines ist, durch welches man einmal durchblättern kann. Es ist keine bloße Sammlung von Gedichten, die keine Bezüge untereinander hätten. Vielmehr hat es einen erwählten, mehr oder minder strengen Aufbau. Hast du es einmal komplett gelesen, steht es dir natürlich frei, den einen oder anderen Text losgelöst von allen anderen zu betrachten. Das ist hochtrabend gesagt und wirkt fast wie eine Phrasendrescherei irgendeines Autors des Alltags. Insofern ich aber richtig gearbeitet habe, habe ich Grund zum Ernst in dieser Aussage. Das heißt: Ich werbe nicht für irgendeine vermeintliche Tiefsinnigkeit irgendwelcher Gedanken, sondern möchte dir, liebe Leserin, lieber Leser, wenigstens hier meine Hand reichen, sodass du in diesem Buche nicht irrend umherreist, sondern durchaus zu einem Ziel, zu deinem Ziel gelangst.

Viel mehr bleibt mir nicht zu sagen, außer vielleicht: Lass die Reise beginnen!

Kapitel 1

Der Alltagsgleichschritt

Das alte Gleichschrittlied

Gleichschritt, Gleichschritt überall,
Gleichschritt, Gleichschritt, gleicher Schall.
Gleichschritt ist dein Schicksalslos.
Gleichschritt, Gleichschritt überall,
Gleichschritt, Gleichschritt, gleicher Schall.
Gleichheit macht uns alle groß.

Gleichschritt, Gleichschritt überall,
Gleichschritt, Gleichschritt, gleicher Schall.
Einzelheit ist falsch und schlecht.
Gleichschritt, Gleichschritt überall,
Gleichschritt, Gleichschritt, gleicher Schall.
Einerlei ist gut und recht.

Gleichschritt, Gleichschritt überall,
Gleichschritt, Gleichschritt, gleicher Schall.
Schau' nicht vor und nicht zurück.
Gleichschritt, Gleichschritt überall,
Gleichschritt, Gleichschritt, gleicher Schall.
Komm' mit uns zum wahren Glück.

Das Missverständnis

Im Gleichschritttakt
lief er zu oft.
Sein Leben macht
ihn lebensmüde.
Der Schlaf will kommen.

Ja, irgendwann
und irgendwo
in einer Stadt
der Vielzuvielen,
da hält er inne.

Er schaut sich um
und gähnt bereits.
Die Arme zittern.
Es beißt die Kälte.
Sein Ende naht.

Gleichschritt, Gleichschritt überall,
Gleichschritt, Gleichschritt, gleicher Schall.
Muss verlassen, was mich quält.
Gleichschritt, Gleichschritt überall,
Gleichschritt, Gleichschritt, gleicher Schall.
Gibt es etwas, das noch zählt?

Gefangen hält sie mich
und raubt mir täglich alles Leben.
Bald muss sie sicherlich
nur einen Stoß noch geben.
Und alles, was ich tu',
ist schmerzlich zu erblicken,
wie alle doch im Nu
mit mir geduldig still ersticken.

Ich hasse ihre Luft,
verachte ihre Gleichtaktschritte
und diesen Leichenduft.
Er stinkt nach Gleichtaktsitte!
An diesem schwarzen Ort
will ich und kann ich nicht verweilen.
Drum fort! Ja, endlich fort!
Sonst wird mich rasch der Tod ereilen.

Bedächtig schleiche ich
durch lichterleere Nächtegassen,
denn dort hört niemand mich,
den kerkergleichen Ort verlassen.
Horch! Es ist nicht mehr weit.
Muss nur die letzten Schritte wagen
mit steter Sicherheit,
doch just erklingt ein forsches Fragen:

»Wieso willst du der Stadt
mit heimlich-stillem Schritt entweichen?«
»Ich habe sie entschieden satt!
Das sollte dir als Antwort reichen.«
»So geh' nur weg von hier,
ich hind're dich nicht an der Reise«,
spricht jemand knapp zu mir.
Er geht alsdann und singt ganz leise:

Gleichschritt, Gleichschritt überall,
Gleichschritt, Gleichschritt, gleicher Schall.
Gehe fort im Nächtelicht.
Gleichschritt, Gleichschritt überall,
Gleichschritt, Gleichschritt, gleicher Schall.
Flüchten aber kannst du nicht.

Der Himmel färbt sich blau,
das Sternennächteschwarz verschwindet.
Sanft weicht der letzte Tau,
der sich auf allen Gräsern findet.
Ein alter Traum wird wahr,
als erste Morgensonnenstrahlen,
so herrlich rein und klar,
die noch verschlaf'ne Welt bemalen.

Ich habe es geschafft
und laufe über weite Felder.
Welch unbekannte Kraft
verführt mich Richtung ferne Wälder?
Mein einst so träger Gang
wird leicht, so leicht, als könnt' ich schweben,
und fühle diesen Drang,
den Willen, wie ein Mensch zu leben.

Mir eilt auf einem Pfad
ein alter Wanderer entgegen.
»Des jungen Frühlings Saat
keimt auf den Wiesen und den Wegen.
Doch halte ein!«, faucht er,
»Die grünen Frühlingskeime lügen!
Sie können nimmermehr
als stets dich listig zu betrügen!

Drum sieh auf all den Tand,
den Gleichschrittgängerhände brachten,
zu was sie dieses Land,
den Wald und alle Wiesen machten!
Beschau' das Totenreich!«
Der Wanderer beginnt zu singen.
Ich werde völlig bleich,
als seine Klänge mich durchdringen.

Gleichschritt, Gleichschritt überall,
Gleichschritt, Gleichschritt, gleicher Schall.
Das ist unser aller Fluch.
Gleichschritt, Gleichschritt überall,
Gleichschritt, Gleichschritt, gleicher Schall.
Stadt, oh, spann' dein Leichentuch.

Erneut bin ich allein',
allein' im stillen Wald der Lügen.
Soll das schon alles sein?
Das kann und soll mir nicht genügen!
Ist das denn, was ich will,
ein blaues Blümchen, bloß Gedanke?
Nein! Dreimal nein, sei still!
Es ist zu spät, oh weh, ich schwanke.

Die Stadt, sie greift nach mir,
sie will mich elend sterben sehen!
Nur zu! Doch jetzt und hier
ist es um mich noch nicht geschehen!
Sie hält mich nicht im Zaum,
denn jetzt kann es nur eines geben:
den altbetagten Traum
vom wahren Menschsein auszuleben.

Ich hetze durch den Wald,
vorbei an letzten Tagesschatten,
doch finde keinen Halt,
obwohl die Beine längst ermatten,
und schreie bitterlich,
als Schmerzen mich entsetzlich quälen,
verscheuch' und jage mich –
Ich kann nichts anderes erwählen!

Und plötzlich zeigt sich mir
ein Klippenrand. Ich bleibe stehen.
Und seufze, denn auch hier
kann ich erneut nur Lügen sehen.
So atme ich tief ein,
schließ' meine Augen, lass mich fallen
und kann ein Mensch nun sein,
als wohlbekannte Töne schallen.

Gleichschritt, Gleichschritt überall,
Gleichschritt, Gleichschritt, gleicher Schall.
Alles harrt, wovor du fliehst.
Gleichschritt, Gleichschritt überall,
Gleichschritt, Gleichschritt, gleicher Schall.
Wahrheit bleibt, die du nicht siehst!

Kapitel 2

Des Nachts

Von der Realität

Den letzten Schein,
die letzte Ordnung,
geraubt von ihr,
der schwarzen Stadt
in tiefster Nacht.

Er fiel zu Boden,
er fiel zum Räuber,
zum bitt'ren Feind,
den jeder meidet
und doch benötigt.

Sein größter Glaube,
sein liebster Schein,
zum Nichts geworden,
dahingerafft –
doch dann spricht er:

Du Gleichtaktbastard!
Du hast mich erwartet,
– des Nachts –,
fast auf städtische Art
ließest du mich aufschlagen.
Eiskalter, Heimlicher, Trügerischer!
Du sahst mich schwanken
umgeben vom Hauch
meiner licht geword'nen Menschlichkeit.
Ja, das war deine Stunde.
Welch leichtes Spiel
du doch mit mir hattest.
Und noch immer, ja,
hallt dein krankes Lachen
durch die Luft.
Verdammter, elender Rechthaber!
Deine Reden sind giftig –

aber ich will ihn genießen,
nein, ich muss ihn genießen,
deinen schierlingsgleichen Trank,
denn an ihm, an der Realität,
am einzigen wirklichen Wahrmacher
soll alles zugrunde gehen.
Großer Vernichter!
Du ließest mich stürzen
– des Nachts –,
ließest mich denken,
ließest mich beginnen.
Schmerzender, Kräfteräuber,
ewiger Begleiter,
letzter Helfer!
Lass mich untergehen,
und damit hinuntergehen,
in den tiefsten Tiefen umhergehen!
Einen Berg gilt es zu besteigen.

Es drangen Worte
aus seinem Munde –
doch viel zu schwer,
um sie zu tragen.
Er bricht zusammen.

Er wollte einen,
den höchsten, Berg
besteigen gehen,
doch seine Worte
begruben ihn.

Des Nachts darbt er
für lange Zeit
mit leerem Blick.
Er denkt so viel,
so viel wie nie.

Von der Veränderung

So viel wie nie
wird ihm bewusst.
Er zuckt und winselt
durch jenen Schmerz,
den Schmerz der Leere.

Er sieht kein Ziel
vor seinen Augen.
Sein Wille schwindet.
Allein' ein Wunsch
verlässt ihn nie.

Der Räuber aber
versteht den Wunsch
und tanzt gar wild
vor größter Freude –
doch dann spricht er:

Was liegst du noch,
elender Liegender,
des Nachts auf mir herum?
In deinen Augen brennt
ein seltener Wunsch.
Du willst laufen, nicht wahr,
unfähiger Liegender?
Aber ich, der Boden,
bin noch dein Platz,
noch deine Festung,
noch deine Sicherheit.
Du kennst mich, Feigling!
Doch nur die eisigsten Dreckklumpen
darben auf den Böden dieser Welt.
Jetzt ist deine Zeit gekommen!
Nur dein Feuer blieb dir
– niemand kann es rauben –,
und mit dem Feuer dein Wunsch.

Also! Das letzte Eis
– dein letztes Eis –
musst du fließen lassen!
Sieh' nur, bald Auferstehender,
dein altes Leben fließt dahin.
Aber lass' es nicht davonplätschern!
Verfolge es, bald Laufender,
verfolge es ins Tal, in die Stadt!
Denn es muss verdampfen!
Geh hinunter, tief ins treue Tal,
zum reißenden Strom,
zum alten Leben!
Dein Feuersturm soll
– des Nachts –
über das Tal fegen!
Doch zunächst
soll auch ich verbrennen.

Des Nachts verbrennt
der Räuber schreiend.
Ein scheuer Fluss
verkriecht sich bald
ins ferne Tal.

Dann steht er auf
mit Feuerblick
und heißem Mut.
Im Tal, da rauscht
bereits der Fluss.

Er geht hinab
in Richtung Tal,
in Richtung Stadt,
bis auf dem Weg
ein Licht erscheint.

Von der Ablenkung

Ein Licht erscheint
rubinenrot
am Wegesrand.
Es strahlt ein Röslein
in weiter Dunkelheit.

Ja, es lockt ihn
charmant zu sich.
Er reibt die Augen,
sein Atem stockt,
sein Herz, es rast.

All seine Sorgen
verfliegen rasch.
Er will es pflücken
für sich alleine –
doch dann spricht es:

Unter welch falschem Himmel
musst du wandern,
dass selbst deine Blicke
mich pflücken wollen?
Hier, an diesem Ort,
wo deine Fesselblicke
mich heute bedrohen, bin ich frei –
freier als du es je warst,
freier als du es bist.
Du begehrst
mein Rubinenrot,
willst mich der Erde entreißen
und nennst dies Liebe,
denkst, ich bräuchte Schutz,
willst mich schützen
und nennst dies Liebe?
Was willst du lieben,
du leere Hülle?

Nichts, rein gar nichts!
Du willst mich besitzen,
deine Fesseln um mich schlingen,
damit du vergisst,
dass deine Fesseln
dir selbst die Kehle schnüren.
Bring' mich jetzt fort von hier
und trage mich morgen zum Grab,
sodass du übermorgen
selbst in deinem liegen wirst!
Schaufel' nicht unser beider Grab
– des Nachts –.
Dein Weg führt Richtung Stadt,
hin zu deinen Fesseln.
Verbrenne sie als erstes,
bevor du eine Rose
am Wegesrand begehrst!

Er wendet sich
vom Röslein ab,
mit einer Träne,
die sein Gesicht
alsbald verlässt.

Und so rennt er
mit tiefstem Schmerz
und höchstem Willen
ins finst're Tal
zu seinen Fesseln.

Bald sieht er schon,
wie Ziegelmauern
der Stadt sich zeigen.
Kein Lichtlein brennt.
Kein Tor ist offen.

Von der letzten Angst

Kein Tor ist offen,
drum schlägt er fest
mit beiden Fäusten
auf seine Brust
und schreit des Nachts.

Als nichts geschieht,
beschließt er nun
schlicht abzuwarten,
bis sich ein Tor
ihm öffnen wird.

Herbei kommt bald
ein Mann mit Fackel
und einem Schlüssel.
Er seufzt verdrossen –
doch dann spricht er:

Merke dir, du Schreihals:
Wer etwas will, muss etwas tun!
Jämmerliche Mäuseblicke und Mäuseschreie
nennst du Taten?
Ha, jetzt habe ich es begriffen:
Du klingst wie ein Hofnarr!
Du verspottest dich lieber selbst,
machst dich zum Nichtigen,
statt über Nichtiges zu spotten.
Aber du hattest Mut genug,
einen Weg hierher zu finden.
Und jetzt scheiterst du am Stadttore,
winziges, bedeutungsloses Nagetier.
Du willst diesen Schlüssel?
Komm', Mäuschen!
Piep noch einmal!
Mach' deine Augen groß und glasig,

vielleicht breche ich
unter deiner Jämmerlichkeit
schluchzend zusammen.
Aber was ist das?
Sehe ich etwa Unzufriedenheit,
Wut, erschreckendes Wutfeuer
in deinen Augen lodern?
Ja, drohe mir mit Feuerblicken.
Ich mag es im Warmen zu lachen,
noch mehr über einen Hofnarren!
Selbst meine Fackel könnte deine
ach so armen Blicke verbrennen.
Schau' in einen Spiegel und erfriere an ihnen!
Nein, du willst lieber den Schlüssel?
Doch dazu musst du mich
– des Nachts –
endlich überwinden.
Ob eisige Mäuseblicke dazu genügen?

Ein Mäuseblick
genügt wohl nicht,
doch größter Zorn
verbrennt den Mann
alsdann des Nachts.

Er nimmt den Schlüssel
vom Ascheboden
und schaut zum Tor.
Ein Zweifelschauer
durchzieht ihn kurz.

Doch schnell läuft er
zum Schloss des Tores.
Ein letzter Schritt
erfolgt nun rasch
in jene Stadt.

Von der Bedeutung der Nacht

In jene Stadt
gelangt er endlich
und wird sogleich
mit buntem Lachen
des Nachts begrüßt.

Die Leute tanzen,
begießen sich
mit Trank und essen,
was ihre Köche
zum Fest servieren.

Auch er will feiern,
gleich den andern,
bis eine Köchin
ihn speisen sieht –
sie also spricht:

Hinfort mit dir, Fremder!
Jede Nacht strömen sie
aus allen schlaflosen Gassen
hin zu ihren Futtertrögen,
die wir, die Köche,
die großen Ablenker,
stets aufs Neue füllen müssen.
Sie schmatzen alle im selben Takt,
spucken ihr Halbgekautes
auf ihren kugelrunden Wanst
und bekommen jede Nacht mehr Hunger.
Ganze Seen trinken sie leer,
trinken und tanzen und tratschen
über alles, was sie nicht verstehen.
Jetzt willst du uns Köchen, uns Ablenkern
noch mehr Arbeit bescheren?
Scher' dich fort, Hungriger!

Ist es wahrlich dein Ernst,
deine kostbare Zeit hier
mit all den Lachenden und Feiernden,
mit all den Verzweifelten
und Zerstörten gemeinsam zu verbringen?
Sieh' nur, sie lachen Tränen.
Sieh' nur ihre blutroten Tränen.
Trank, Speise und die Musik,
jeder Tanz, jedes Wort
lenken die Beladenen vom Unheil ab,
welches sie mit sich tragen.
Sie wollen nicht wissen
– des Nachts –,
wer sie sind, was sie sind.
Doch sollte nicht jede Nacht
eine Zeit weißer Tränen sein,
eine Zeit des Erkennens?
Feiere mit ihnen heute und stirb mit ihnen morgen!

Die Köchin geht.
Es schallen Lieder
hinauf zum Himmel.
Sie singen laut,
so laut sie können.

Doch er versteht,
dass er ein Fremder
für alle ist.
Er kann so nicht
mit ihnen feiern.

Die Uhr schlägt zwölf.
Er schreitet leise
vom großen Fest
und sucht nach Ruhe
in Dunkelgassen.

Vom Opfern

In Dunkelgassen,
wo das Geschrei
des Fests verstummt,
da findet er
ein wenig Ruhe.

Auf einer Stufe
sitzt grässlich wimmernd
ein junger Mann
mit spitzem Dolche
in seiner Hand.

Er sticht den Dolch
in seinen Schenkel
und lässt ihn bluten –
ganz ohne Regung –
doch dann spricht er:

Orangebemalter Morgennebel
schwebte sorgenlos über das Land.
Das klare Himmelszelt
versprach einen herrlichen Tag.
Doch es log mich an,
mit lächelndem Gesicht.
Ich hoffte, diese Lügentage wären
vergangen, ja, längst verschwunden.
Aber nein!
Sie heuchelten nur Sicherheit.
Sie ging ohne Wiedersehenswunsch,
verließ diese Stadt auf ewig
und schenkte damit zum Abschied
mir nur ewiges Leid.
Habe ich nicht alles geopfert,
was ich mein Eigen hieß,
und wurde nebelgleich,

wäre fast entschwunden,
als ich unter schlimmsten Schmerzen
mein Herz aus der Brust riss
und es in deine gierigen Hände legte?
Starb ich denn nicht genug für dich?
Was wolltest du noch besitzen,
wenn nicht Recht, mein Leben,
all meine Güter, all mein Wesen?
Ja, schweige ruhig im Fernen,
schweige nach außen und lache nach innen,
wie du es an jenem Lügentag
mit fröhlichem Gesicht getan hast.
Allein' diese kalte Klinge
mit blutigem Rost
– des Nachts –
in meinen Leib zu rammen,
lässt mich manchmal vergessen,
dass ich ein Nichts geworden bin.

Erneut tropft Blut
von seinem Schenkel
auf jene Stufe,
verläuft dann sacht,
bis es gerinnt.

Er will noch nicht
ins Totenreich.
Doch Leiden bringt
Vergesslichkeit,
die er so liebt.

Er lässt den Jungen
auf seiner Stufe
mit Tränen sitzen,
geht seines Weges
in tiefster Nacht.

Von den Vielen

In tiefster Nacht
zieht ein Geräusch
durch dunkle Gassen.
Ja, es sind Schritte.
Sie kommen näher.

Die Nacht verschlingt
bald das Geräusch.
Ein Greis auf Krücken,
ganz ohne Beine,
begrüßt ihn plötzlich.

Als nun der Mond
auf beide Männer
mit hellem Glanz
bedächtig scheint –
da spricht der Greis:

Schau' nicht so kreidebleich!
Dein weißes Gesicht bekommt
der schwarzen Nacht nicht gut.
Ja, einst hatte ich Beine,
sie waren herrlich lang.
Die größten Schritte
konnte ich gehen.
Aber dann schenkte mir die Stadt
diese wunderschönen Krücken.
Schau', wie sie glänzen.
Herrlich, die Stadt schenkte uns
wahrlich goldverzierte Krücken.
Jeder hier läuft auf ihnen –
früher oder später.
Sie einen uns und sagen,
wohin wir zu gehen haben.
Ist das nicht göttlich?

Stell' dir nur vor,
wie es dir ergehen könnte!
Du müsstest nimmermehr
auf eigenen Beinen laufen.
Die Qual, die richtigen Wege
im Wirrsal dieser Welt zu finden,
würde dank ihnen schwinden.
Du wärst nicht mehr einsam,
nein, gemeinsam mit uns
könntest du auf ewig leben.
Hier nimm dieses Messer
und schneide dir deine Beine ab
– des Nachts –!
Sag', willst du nicht einer
unter vielen Beschenkten sein,
willst du nicht mit uns stolzieren?
Zwei kleine Schnitte genügen
und du bist einer von uns!

Den Greis erfreut
der Augenblick,
als nun sein Messer
in fremde Hände
gegeben wird.

Doch fällt es gleich
zu Boden nieder
und hasserfüllt
entflieht der Greis
mit seinen Krücken.

Er aber steckt
das Messer sacht
in seine Tasche.
So geht er weiter
auf eig'nen Füßen.

Von der Kennerin aller Menschen

Auf eig'nen Füßen
und mit dem Messer
in seiner Tasche
durchsucht er nun
die weite Stadt.

Auf einem Platz,
umhüllt von Bäumen,
weilt eine Dame
mit endlos langem,
tief grauem Haar.

Er geht zu ihr.
Mit Grimmigkeit
beschaut sie ihn.
Er ist ihr fremd,
auf dass sie spricht:

Ich bin alt und deswegen weise.
Es bedarf nicht viel,
dich zu erkennen.
Unzählige Menschen sah ich
gehen, kämpfen und lieben.
Ich hörte ihr Lachen, ihr Gelächter,
jede Rede, vernahm ihr Schweigen.
Ich bin eine Menschenkennerin,
die Kennerin aller Menschen.
Je länger du dich mir zeigst,
desto mehr lese ich in dir.
Ein jeder ist ein offenes,
ein leichtes Buch für mich.
Ich las viele Bücher
und immer glichen sie einander.
Die erste Seite reicht oftmals,
schon erkenne ich des Buches Ende.

So sah ich diesen Morgen
jenen schwarzhaarigen Bastard.
Schwarz war sein Haar
und schwarz hieß ich sogleich
seine unheilbringende Seele.
Es wehte sorgenlos im Wind –
ebenso frei von Sorgen
schreitet er durch seine Welt,
als kümmere ihn nichts,
als sei das Leben ohne Wert.
Drum wünsche ich seinen Tod
– des Nachts –.
Doch was starrst du derartig,
als seien meine großen Worte unnütz?
Willst du mir etwa Zweifel schenken?
Hast du schon vergessen,
wie herrlich alt
und unendlich weise ich bin?

Und zornig wendet
die alte Dame
nun ihre Blicke
vom Fremdling ab.
Sie schweigt sodann.

Vom Fernen her
durchbricht die Stille
ein Klirrgeräusch,
sodass er rasch
vom Platze läuft.

Und immer wieder
ertönen Schreie.
Sie weisen ihm
den rechten Weg,
bis sie verstummen.

Vom Spiegel

Bis sie verstummen,
durchläuft er hastig
ein Labyrinth
aus hundert Gassen
und hundert Straßen.

Alsdann sieht er
ein Meer aus Scherben
vor seinen Füßen.
Des Mondes Schein
beglänzt es leicht.

In eine Scherbe
will er schauen,
doch eine Stimme
ertönt auf einmal –
sie also schreit:

Schau' nicht hinein!
Weiche von diesen Bruchstücken!
Sie werden dir das Leben rauben.
Während eines raschen Spaziergangs
in der heutigen Vollmondnacht
fand ich ihn schließlich,
diesen spitzen Spiegel,
dieses gefährliche Seelenmesser.
Neugierig, ja, selbstsicher
blickte ich hinein
und wollte mich wiedererkennen,
wie ich es stets tat,
wenn ich in den rauschenden,
wild irrenden Fluss sah
zur Mittagssonnenstunde.
Doch eine Fratze erschien allmählich
lachte mich laut und lauter an,

schrie und freute sich,
bishin ich sie gänzlich sah.
Jeder ihrer Gelächterlaute
stach in mein Herz,
ließ es langsam und langsamer schlagen
und mein wahres Leben
wurde mir fast genommen.
Dieses Lügenspiegelbild
zerschlug ich erschrocken
mit letzten Kräften,
rannte hinfort, so schnell es ging,
und suchte sicheren Schutz
– des Nachts –
in der Gassendunkelheit.
Wenn du deinem Leben, Fremder,
allein' einen kleinen Wert beimisst,
wage es nicht, hineinzuschauen –
ansonsten stirb wohl!

Die Angst ist groß.
Er scheut sich wohl,
selbst einen Blick
in jene Scherben
nunmehr zu wagen.

Der Lärm der Stimme
verschwindet dann.
Er wünscht sich nun,
durch jene Stadt
des Nachts zu ziehen.

Den ersten Schritt
wagt er zu gehen,
schon kommt ein Mann,
zur Scherbenstelle.
Er geht zu ihm.

Von der Arbeit

Er geht zu ihm,
zum Mann mit Besen
und seiner Schaufel,
und mustert ihn
mit stillen Blicken.

Er kehrt und singt
den Scherbenhaufen
auf seine Schaufel
und leert sie dann
in eine Tonne.

Es klirrt und kracht
durch alle Straßen.
Das Scherbenmeer
verschwindet langsam –
er also singt:

Ich bin zum Arbeiten geboren.
Den ganzen langen Tag
schippe ich und schaufele.
Die Anderen, sie feiern.
Sie essen, was sie begehren,
sie trinken, was sie wollen,
und tanzen nach ihrer liebsten Musik.
Werden sie des Feierns müde,
wartet ihr trautes Heim bereits
mit ruhigem und sicherem Schlaf
auf die schallend Lachenden.
Aber ich bin zum Arbeiten geboren.
Den ganzen langen Tag
schippe ich und schaufele.
Ich höre sie so oft,
von ihren Träumen reden,
sehe ihre Gesichter strahlen,
wenn sie ein kleines Ziel erreichen.

Viele ihrer großen Taten
sind mir wohl vertraut –
und immer mehr
kommen jeden Tag hinzu.
Aber ich bin zum Arbeiten geboren.
Den ganzen langen Tag
schippe ich und schaufele.
Manchmal wünsche ich mir den Tod.
Er sei meine erste
und letzte Arbeitspause
– des Nachts –.
Doch bin ich, wer ich bin.
Zu sterben war und ist
und wird nie meine Aufgabe sein.
Denn ich bin zum Arbeiten geboren.
Mein ganzes nichtiges Leben lang
schippe ich und schaufele.

Mit vielen Strophen
nimmt jenes Lied
noch seinen Lauf.
Er singt es laut
mit fester Stimme.

Die Arbeit ist
alsdann getan.
Er schleppt sich mühsam
samt Tonne fort
und stürzt auf einmal.

Die Scherben krachen.
Er schreit vor Schmerz.
Aus einem Fenster,
da brüllt es scharf:
»Wir wollen Ruhe!«

Vom Immermehr

»Wir wollen Ruhe!«,
tönt es noch mehrmals,
als jenes Fest
nach langer Dauer
alsdann verklingt.

Er sieht die müden
und satten Menschen
mit ernsten Mienen
nach Hause gehen.
Sie möchten schlafen.

Doch einer will
die Ruhe nicht.
Wohin die Füße
ihn tragen können –
da schreit er wild:

Wieso nur, wieso ist es vorbei?
Was laufen sie alle weg?
Sie sollen doch bleiben,
alle sollen sie bleiben!
Hört ihr mich, ihr Tauben?
Seht ihr mich, ihr Blinden?
Nein, ihr könnt nicht fliehen,
ihr müsst mit mir trinken,
essen und tanzen!
Sagt nicht, eure Bäuche
und Köpfe seien gefüllt.
Ihr könnt noch laufen.
Wer laufen kann, der tanze –
der tanze jetzt, weiter,
immer weiter, immer mehr!
Schreit doch nicht nach Ruhe,
schenkt euch lieber mir,
damit mein Fest nie endet.

Habt ihr das gehört?
Mein Fest soll nicht enden!
Also kommt zu mir gesprungen,
schenkt noch einmal Schnaps ins Glas
und singt wieder die alten Strophen.
Ruhe erwartet euch nach dem Tod.
Aber jetzt seid mein Fest!
Genug? Welche Sprache sprecht ihr?
Welche Sprache hat solch ein Wort?
Ausreichend? Zu viel?
Vergiftet nicht meine Ohren!
Vergesst niemals: Ihr seid mein!
Nur durch mich bekommt ihr
– des Nachts –
euer tägliches Mahl.
Ihr müsst mein Fest sein,
wenn ihr zu leben gedenkt.

Und plötzlich schreitet
die Menschenschar
mit müden Mienen
zurück zum Markt,
zurück zum Fest.

Erneut beginnt
das bunte Treiben
der Menschenmassen
mit viel Gesang
und langen Tänzen.

Und bald befindet
auch er sich wieder
mit allen Tänzern,
mit allen Trinkern
auf dem Markt.

Vom Kreislaufen

Auf dem Markt,
voll Tänzerinnen
und reichlich Tänzern,
bemerkt er eine
betagte Frau.

Sie läuft beständig
in weitem Kreise,
bis sie an einer
stets gleichen Stelle
zu Boden fällt.

Verwundert schaut
er zu der Frau,
die sich vom Boden
bedrückt erhebt –
und zu ihm spricht:

Mir ist er entfallen,
jener nun unbekannte Tag,
an diesem meine Reise begann.
Ich habe sie satt,
würde sie gern beenden,
mich am allerliebsten
nimmermehr an sie erinnern.
Wer weiß, wie viel Lebenszeit
ich willenlos schenkte,
mit beiden Händen wegwarf
gleich dem schrecklichsten Tand,
den nicht einmal Obdachlose schätzen.
Aus dem Kreise kann ich nicht fliehen.
Was rede ich? Ich will es gar nicht!
Was lauert hinter der Kreislinie?
Qualen, Verderben, Tod
oder noch Schlimmeres wie
Unerwartetes, gar Unvorhersehbares?

Nein, nein und dreimal nein!
Ich lebe lieber mein Kreisleben
mit aller Berechnung und Sicherheit.
Hier kenne ich jeden Meter,
weiß, wo ich zu stürzen habe,
wo Schmerz mich erwartet.
Der Radius meines Lebens
ist nur einige Schritte groß.
Ich fürchte, er wird mit jedem Sturz
ein wenig kleiner.
So schwindet allmählich
– des Nachts –
mein Kreisleben dahin,
bis es nur noch einem
unbedeutenden Punkt gleicht.
Ja, diesen Tag sehe ich kommen.
Den Tag der ersten Angst vergaß ich.

Und wieder geht
sie ihres Weges,
als könnte sie
nicht anders gehen
als stets im Kreis.

Bald ist der Kreis
so klein geworden,
auf dass sie öfter
zu Boden stürzt,
dann nur noch kriecht.

Ihr Kriechen kommt
auch schnell zum Ende.
Sie bleibt nun sitzen
und sieht ihn an.
Ihr Blick ist leer.

Vom Betteln

Ihr Blick ist leer.
Die Reise liegt
nun hinter ihr.
Das Kreiselaufen
selbst gibt sie auf.

Doch ihre Hände
verformen sich
zu einer Schale.
Sie solle reich
gefüllt werden.

Er weiß nichts recht,
in ihre Schale
hinein zu geben.
Sie schluchzt so tief –
und spricht dann wimmernd:

Bitte, edler Herr, schenkt es mir.
Überlasst mir euer Herz,
schenkt mir eure Liebe.
Lasst es in meinen Händen schlagen.
Gut werde ich es hüten,
im Sommer kühlen
und im Winter wärmen.
Nun legt es hinein!
Ich, ein gewordenes Nichts,
brauche es doch, um zu leben.
Oder wollt ihr mich gar
mit meinen Tränenwasseraugen
weiterhin jammernd ins Leere,
in tiefe Leere blicken lassen,
die ich fortan Leben heiße?
Seht mich genau an.
Was ist mir geblieben,
was verschlang nicht meine Angst?

Sie fraß alles, was ich schätzte,
und spuckte immer nur
zum endlosen Dank
Wasser aus meinen Augen aus.
Jetzt lasst euer Herz,
das mutige, lebendig pochende,
Angst verjagende, in meinen,
ja, in meinen Händen
– des Nachts –
im furchtlosen Takt
tanzen und springen.
Ich will wieder leben!
Drum schenkt es mir,
gleich einem wahrlich Lebenden.
Aber was tretet ihr zurück,
als wollte ich euren Tod?
Bin ich eurer Liebe denn nicht würdig?

Er weicht zurück
von jener Frau,
als ihre Augen
von Gier getrieben
tief rot erstrahlen.

Er will entfliehen,
doch als er ihr
den Rücken kehrt,
da weiß er nicht,
wie ihm geschieht.

Denn alle Menschen
des großen Festes
versperren ihm
nun jeden Weg
um ihn herum.

Von der Nächstenliebe

Um ihn herum
steht jeder Mensch
der Kreislaufstadt.
Die spitzen Blicke
durchbohren ihn.

Sie rücken stetig
ein wenig näher
und schließen ihn
im engen Kreise
bald völlig ein.

Und fragend schauen
ihn alle an,
doch was sie wollen,
begreift er nicht –
bis alle sprechen:

Du musst geben, was du hast,
darfst nicht besitzen,
darfst nur verschenken!
Schlägt ein Herz in deiner Brust,
so gib es zügig weiter!
Dein Nächster erwartet es
mit weiten Händen.
Werde ein Selbstloser,
ein Helfender, ein ewig Gebender,
niemals Verlangender!
Höre auf das Geschrei des Nächsten.
Nur dir sollst du ein Tauber sein.
Was in dir schreit,
war schon immer eine Lüge,
Täuschung, der größte Schwindel.
Verschließe deine Ohren,
wenn es zuckt und sich windet!

Sei wieder ehrlich zu dir
und vor allem ehrlich zu uns,
wir, die dich brauchen,
wir, die deine Nächsten sind.
Sieh in unsere leeren Hände!
Du kannst sie sicher füllen,
selbstloser, ehrlich Gebender.
Lass' uns alle teilhaben,
an dem, was du bist.
Schenke dich uns!
Wir brauchen deine Augen
und deine Beine.
Gib uns deinen Geist
– des Nachts –
und überlass' uns dein Herz.
Wir besitzen all das nicht!
Deine leeren Hände?
Die kannst du ruhig behalten.

Stumm werden alle
und hoffen, dass
er Folge leiste.
Sie freuen sich
so sehr darauf.

Vergebens bleibt
ihr langes Warten
und tiefes Hoffen.
Die Ungeduld
durchzieht sie jetzt.

Auch Ungeduld
ist schnell vergessen,
gleich aller Hoffnung.
Es schürt sich aber
der Zorn der Menschen.

Vom Glauben

Der Zorn der Menschen
lässt ihre Fäuste
zusammenballen
und die Gesichter
geschwind erröten.

Er denkt bei sich,
dass seine Stunde
gekommen sei,
als Männer ihn
gewaltsam packen.

Auch umschlingen ihn
nun alle Blicke
der Menschenschar
mit festem Griff –
und alle sprechen:

Zweifle nicht an uns.
Wir sind die Wahrheit,
weil es so viele von uns gibt.
Du bist ein Einzelner
und deswegen die Unwahrheit.
Wir sehen das Unwahre
in deinen Zweifleraugen.
Doch wieso beschaust du uns,
als verdienten wir scheele Blicke?
Erkennst du das Wahre nicht,
wenn es tausendfach vor dir steht?
Du glaubst, wir könnten irren,
uns täuschen, uns selbst betrügen,
dass wir ein Lügenmesser täglich
in unseren Geist rammen,
bis er blutet und vertrocknet?
Aber können wir irren?

Sind denn tausend Wahrheiten
imstande, sich zu irren?
Wir wollen nicht bezweifelt werden,
drum soll alles Unwahre
von uns wahr gemacht werden.
Unsere Argumente sind spitz,
gern auch messerscharf.
Was hast du entgegenzusetzen?
Du wirst erkennen,
dass wir wahrhaftig sind.
Reine Einsicht wird aus dir sprudeln.
Du wirst zum Brunnen
– des Nachts –,
aus diesem wir trinken werden.
Zweifle nicht an uns!
Werde eine Wahrheitsquelle!
Deine Irrwege, Zweifelnder,
finden hier ein Ende.

Als aber dann
der süße Duft
von schönsten Blumen
genossen wird,
entlaufen alle.

Sie rennen fort,
hin zu den Blumen,
und lassen ihn,
von Angst durchzogen,
allein' zurück.

Mit letzten Kräften
greift er die Chance
und müht sich schließlich
in ferne Gassen
auf Zitterbeinen.

Vom Steinelegen

Auf Zitterbeinen
flieht er vom Markt,
bis seine Kräfte
ihn ganz des Nachts
verlassen wollen.

Sein Körper lechzt
nach Luft und Ruhe.
Vom Schweiß durchnässt
sieht er sich um.
Er ist nun sicher.

Doch ganz allein'
ist er dort nicht.
Zwei Menschen wenden
sich ihm bald zu –
und einer spricht:

Ach, was soll es bringen,
was soll es nützen,
das ständige Flüchten,
die tägliche Sinnlosigkeit?
Du kommst nicht davon.
Ein Stein ist stets
viel schneller als du.
Sein Platz ist vor deinen Füßen,
die einzig Leidenden
deiner eigentlich kurzen Reise.
Freilich heißt du dich Läufer,
siehst dich vielleicht als Wegerenner,
als einen anderen Wegegeher.
Dein Stein ist dir dennoch
ewig ein Begleiter.
Träume nicht, Fremder,
du kannst ihn niemals
hinter dir lassen.

Schau' nur auf uns.
Wir flüchten seit Jahren,
sind immer noch Teil der Stadt.
Einst rannten wir los –
und rennen stetig weiter –,
haben uns aber nie fortbewegt.
Dir wird es gleich ergehen.
Einmal in der Stadt gewesen,
ewig Teil derselben.
Wo unser Ziel einst lag,
ist längst vergessen.
Sieh' uns genau an
– des Nachts –.
Noch rennen wir, bald stehen wir
kurz vor der Aufgabe.
Unsere Steine sind schneller,
was nützt das Davonlaufen?

Die Worte rauben
ihm letzten Mut.
Jetzt aufzugeben,
erscheint ihm bald
als große Chance.

Die andern bleiben
an Ort und Stelle,
versuchen Steine
vor ihren Füßen
hinweg zu schieben.

Es lacht alsdann,
ein kleiner Junge,
als habe er
ihn längst erwartet,
auf einer Bank.

Vom Schwarzsehen

Auf einer Bank,
da sitzt der Junge
und lacht so laut
mit Tränenaugen
in jener Nacht.

Im Winde weht
sein schwarzer Mantel
samt schwarzem Haar,
die selbst die Nacht
noch schwärzer machen.

Dann steht er auf
mit breitem Grinsen.
Er feixt nun noch
ein wenig weiter –
doch dann spricht er:

Das Ende naht! Ich habe es gesehen.
Das Hoffnungsgrün schwindet dahin.
Bald ist es bleich, bald vergessen.
Alles was bleibt, ist Todesschwarz.
Das Leben war einst
eine unschuldig weiße Leinwand.
Mit dem Leben wurden wir Maler
und tauchten sie ins Schwarz.
Ich bin einzigartig,
bin der Einzige, der dies erkannte.
Die bunten Trachten der Menschen
sind allesamt eine Lüge.
Nur ich allein' trage die Wahrheit
wider allen anderen.
Unsere Welt ist nur schwarz,
traurig, voller Leid.
Hass führt unsere Pinsel.

Neid und Zorn finden Platz
auf der bald untergehenden,
bald vergessenen Weltenleinwand.
Groß ist meine Freude,
dass ich der Weiseste bin,
dass ich alles rechtmäßig,
egal ob Freude, egal ob Liebe,
jedes Fest, jede Feier,
als Tand bezeichnen kann.
Und selbst die Unschuld
heiße ich Lüge und Tand.
Die Welt will untergehen,
sie will schwarz bemalt sein
– des Nachts –,
und wir bemalen die Welt
als ein Teil von ihr
in ihrem Sinne,
nach ihrem Willen.

Der Untergang
bleibt vorerst aus.
Und doch erfreut
sich jener Junge
an seinen Worten.

Er lässt den Jungen
nun weiter lachen,
denn er vernimmt
den süßen Duft
von Blumenblüten.

Er lässt sich locken.
Gleich den Menschen
des großen Festes
läuft er in Richtung
des Blütenduftes.

Von dem Horchenden

Des Blütenduftes
charmante Spuren
verfolgt er rasch.
Und unsichtbar
verfolgt ihn etwas.

Ja, es kann ihn
sehr deutlich sehen,
doch er erkennt
es nicht im Dunkel
der alten Nacht.

Er ahnt noch nicht,
dass man ihn sieht,
bis jenes Etwas
flugs vor ihn tritt –
und also spricht:

Ich habe dich verfolgt
bis hierher, du Nichtssagender.
Du bist mir zu leise.
Seit deinem ersten Schritt
in unsere heilige Stadt
hörte ich dich niemals sprechen,
vernahm nie ein rühmendes Wort,
lauschte nicht dem kleinsten Dank.
Viele Menschen sprachen zu dir,
doch du bliebst stumm,
als sie vom großartigen Leben,
das dir die Stadt bietet,
erzählten und dir nur ein kleines,
winziges Staunen entlocken wollten.
Ich habe dich begleitet,
sah jeden deiner Blicke,
hörte deinen Atem und Herzschlag,

spürte deine Furcht,
doch niemals Wohlgefallen.
Jetzt lässt du dich locken
von heimlichen Blütendüften.
Wieso, wieso, wieso nur?
Wieso kehrst du uns den Rücken zu,
willst du nicht
unser Leben leben,
sagst nicht, was wir hören wollen?
Du willst uns ein Feind werden,
uns ein Schlechtes tun
– des Nachts –.
Drum lass dich ruhig locken.
Ich verfolge und verrate dich,
werde alle zu dir führen,
dich als unseren Feind zeigen,
auf dass du wenigstens einen,
einen letzten Laut von dir gibst!

Bei diesen Worten
entflieht er,
so schnell er kann.
Es wird ganz leise
an jenem Ort.

Besorgt schaut er
sich mehrmals um.
Doch alle Sorgen
entfernen sich
für diese Nacht.

Der Blütenduft
umwirbt noch immer
ganz seine Sinne
und lockt ihn bald
zu seinem Ziel.

Vom Gärtner

Zu seinem Ziel
gelangt er endlich
nach langer Reise.
Ein süßer Duft
empfängt ihn dort.

Ein Gärtner steht
auf einer Brücke
mit frischen Blumen
und unter ihm,
da rauscht es wild.

Er bittet ihn
auf jene Brücke
und ist froh, ihn
des Nachts zu sehen –
auf dass er spricht:

Du hast es tatsächlich geschafft,
konntest ihnen entfliehen,
diesen viel zu vielen Nichtigen.
Ihre Schnäbel, die sekündlich
vom großen Wir krähen,
konnten dich nicht fassen.
Jetzt bist du hier,
frei vom Hühnergegacker
des sterbenden Federviehs.
Meine Blumen lockten dich.
Jetzt rieche den Duft der Einzelnen.
Sie, ich, ja, die ganze Stadt,
wir sind nur deinetwegen da,
denn alles in dieser Welt hier
gehört dir, nur dir allein'.
Und was du nicht willst,
das soll verbrennen
in deinen eigenen Willensflammen.

Selbst mich, der dir diese Worte,
die nicht im Federkleid herumfliegen,
die wirklich großen Worte, schenkte,
sollst du verbrennen!
Denn ich lockte dich,
denn ich sprach zu dir
und nun bin ich wertlos,
damit reif für deine Flammen,
die ich, wie du, sehnlichst erwarte.
Doch eins bedenke:
Wer ein Einzelner sein will
– des Nachts –,
duftet und wird gerochen,
wird gesucht und gefunden.
Hörst du schon ihr Gegacker?
Sie wollen ein Wir von dir hören!
Wo sind deine Flammen?

Die Menschenscharen,
sie finden wieder,
was sie verloren,
und werden wütend
auf jenen Fremden.

Sie drohen ihm
mit Qual und Tod,
wenn er sich nicht
zum großen Wir
bekennen würde.

Doch dieses Mal
durchzieht ihn nicht
die alte Angst,
vielmehr der Zorn
auf die Verfolger.

Vom Feuer

Auf die Verfolger,
die immerzu
vom großen Wir
zu schreien pflegen,
sieht er mit Zorn.

Tief unter ihm,
da fließt ein Strom.
Sein Rauschen mischt
sich mit dem Wir
der Menschenmassen.

Und jetzt versteht
er, was geschehen
ist und geschieht,
geschehen wird –
sodann spricht er:

Ich soll also sprechen?
Dann höret, ihr irrenden Scharen!
Einst lag ich auf dem Boden
der eiskalten Wirklichkeit,
doch eine Feuersbrunst,
die ich Mut heiße,
ließ alles Eis schmelzen.
Ein Rinnsal wurde zum Fluss,
ein Fluss zum Strom,
aus dem ihr getrunken habt.
Eure Stadt erbautet ihr
an seinen fruchtbaren Ufern.
Was habe ich euch mehr gebracht
als Verderben und ein starres Leben,
das mich einst fast sterben ließ?
Das alte Leben sprudelt in euch,
bald lässt es euch erfrieren.

Bereits jetzt könntet ihr nicht allein'
ein eigenes Leben wählen,
bereits jetzt jagt ihr jeden,
der sich vom Blumenduft
weg von der Stadt locken lässt,
weg von euch, weg vom großen Wir.
Die Furcht vor der Einsamkeit,
der starre Halt am Wir,
wird euch auf den Boden drücken,
von diesem ich mich erhob.
Ihr werdet zu Eissäulen erstarren
– des Nachts –
und letztlich an eurem Leben sterben.
Nehmt diese Flammen an!
Wenn ihr nicht alleine leben könnt,
so sterbt wenigstens jeder für sich.
Ich brauche euch nicht mehr,
drum sollt ihr brennen!

Er hüllt sich ein
in tausend Flammen.
Ja, alles starrt,
von Angst durchzogen,
auf ihn gespannt.

Er schreit des Nachts,
bis jene Stadt
in helles Licht
verwandelt wird
und untergeht.

Er rafft nun alles
dahin, zerstört
die Kreislaufstadt,
die letzte Ordnung,
den letzten Schein.

Kapitel 3

Das Erwachen

Der Traum ist aus,
die Stadt verbrannt
und Asche liegt
auf festem Boden
der fremden Zukunft.

Im Schlafe lernte
er, selbst zu gehen.
Ein neuer Morgen,
des Schöpfers Zeit,
erwartet ihn.

Die Wiederkehr
des ewig Gleichen
hat er durchbrochen.
Mit letztem Zögern
erwacht er endlich.

»Wach' auf! Wach' auf!
Und lass' die Träumerei«,
sagt er zu sich.
»Wach' auf und sprich!
Dein Schlaf ist nun vorbei.«

Was soll ich sprechen? Lass mich träumen,
denn tief im Traum fühl' ich mich gut.
Will keinen einzigen versäumen!
Dort bin ich Feuer, bin ich Glut.
Ja, fest im Traum will ich mich halten.
Ach, zum Erwachen ist's zu spät.
Was soll ich in der eiseskalten,
verkommenen Realität?
Wobei, vielleicht muss sie auch tauen,
die längst erstarrte Wirklichkeit?
Wer aber soll sich das nur trauen,
wer stellt sein Feuer denn bereit?

»Wach' auf! Wach' auf!
Und lass' die Denkerei«,
schreit er zu sich.
»Wach' auf und sprich!
Dein Schlaf ist nun vorbei.«

Du raubst mir meine Traumesfarben.
Was folgt, ist bloße Dunkelheit.
Wie lange soll ich in ihr darben –
ja, bis in alle Ewigkeit?
Ich sehe nirgendwo ein Licht.
Es schwinden Nähen, jede Ferne.
Mehr als ein Schwarz erkenn' ich nicht.
Wo ist der Boden, wo die Sterne?
Und Ordnung? Wo ist sie geblieben?
Sie trug doch meinen Lebenssinn!
Wieso hast du sie mir vertrieben?
Vergessen ist nun, wer ich bin.

»Hör' auf! Hör' auf!
So lass' die Jammerei!«,
schreit er zu sich.
»Erhebe dich!
Dein Schlaf ist nun vorbei.«

Ich öffne meine Augen, sehe
zwei Hände fest zur Faust geballt.
Das sind meine! Und ich stehe,
ist auch der Boden noch so kalt,
durch meine Kraft auf eig'nen Beinen,
verspür' ein Schlagen in der Brust.
Und ungezähmt durchzieht es meinen,
ja, meinen Leib. Mir wird bewusst:
Die Träumerei war nie vergebens.
Sie gab mir Mut und Sicherheit.
Doch für den Auftrag meines Lebens
muss ich nun in die Wirklichkeit.

»Steh' auf! Steh' auf!
Vergeude keine Zeit!«,
schreit er zu sich.
»Jetzt also sprich!
Du bist dazu bereit.«

Ich habe meinen Ruf vernommen.
Der erste Schritt ist jetzt vollbracht.
Die Zeit zum Sprechen ist gekommen.
Aus tiefem Traum bin ich erwacht.
Sogleich erhöre ich die Laute
der Gleichschrittsittenmenschenwelt,
die man aus Fehlern einst erbaute.
Hat denn noch niemand festgestellt,
dass diese Welt fast ganz erfroren
an ihren vielen Fehlern ist?
Doch ich hab' ihr nicht abgeschworen.
Und damit ihr es alle wisst:

Ich stehe auf
und lass' die Warterei!
Ich bin bereit!
Drum seid gefeit,
mein Schlaf ist nun vorbei.

Die Zeit ist da,
denn Worte wollen
gesprochen werden,
aus denen Taten
erfolgen können.

So schreitet er
alsbald allein'
durch Menschenmassen,
blickt ernst zu ihnen
und holt tief Luft.

Nach langem Darben,
nach langem Träumen,
nach dem Erwachen
ist es soweit.
Das ist der Kairos!

Kapitel 4

Die Reden

Die Antrittsrede

I

Ihr seid allesamt blind!
Aber ihr hört mich, ja, in diesem Augenblick
lauscht ihr meinen Worten,
meinen brennenden Pfeilen.
Viele Feuergeschosse warten auf euch!
Nehmt ihr sie an? Von wem? Von mir!
Ein Dichter? Ein Philosoph?
Ein witziges Tier? Ein listiger Jäger?
Nein, ich bin es, euer größter Feind –
ein Mensch! Ein einstiger Träumer, nun ein Erwachter,
ein Widerspruch, ein Werden und Vergehen.

Blind ist der, der Falsches sieht!
Falsches sehen nur die Lügner!

Ihr alle, die mich jetzt erhört,
ihr wart ebenso Menschen,
voller herrlicher Widersprüche,
ein ständiges Irren, ein ständiges Streben –
und dann wurdet ihr zu Krückenläufern,
zu immer gleichen Kreisgleichschrittgängern –
oder Narren, wie ich euch heiße!

Rede nicht zu viel, denn wir
wollen guter Laune bleiben!

Ich kenne eure Gedanken.
Große Worte erdachtet ihr euch –
Individualität, um das schlimmste zu nennen.
Wer von euch glaubt an dieses Wort?
Nur zu, meldet euch! Hebt die Hände!
Schaut euch dann gründlich um
und erstarrt vor eigener Dummheit!

Gleichschritt, Gleichschritt!
Das heißt Leben! Das heißt Leben!

Sagt, hört ihr mich noch?
Oder belächelt ihr mich bereits?
Es ist an der Zeit, den Kreis zu verlassen,
an der Zeit, eigene Schritte zu gehen.
Spürt meine brennenden Pfeile!
Darum frage ich euch:
Soll das schon alles sein?
Als ob das Leben ein endloser Kreisgang sei,
als ob man dem Gleichschritttakt folgen müsste,
als sei das Menschsein ein blaues Blümchen!

II

Der Tag, wahrlich, eine grauenhafte Zeit.
Aufgabe hier, Besorgung dort –
mögt ihr das? Freilich!
Immer wieder aufs Neue
geht ihr die gleichen Wege,
hört die gleichen Worte,
begeht dieselben Fehler.

Wahrheit ist Beständigkeit.
Das ist unser wahres Glück.

Ihr jammert innerlich und lächelt äußerlich.
Während ihr euch damit selbst belügt,
geht ihr im Kreis namens Akzeptanz,
wollt diesen nicht verlassen,
denn er bietet euch den einzigen Halt.
Und des Nachts? Ja, des Nachts
müsst ihr euch erholen vom Alltagskreislauf.
Auf nächtlichen, immer gleichen Festen
schlagt ihr euch eure Bäuche voll,
dann tanzt und singt und lacht ihr,
als hättet ihr zu alldem einen guten Grund.

Spaß und Freude sind die Dinge,
um die sich ein Leben dreht!

Bei allen Lauten und Bewegungen
seht ihr nicht, ihr Blinden,
dass jeder Tanz nur im Kreis stattfindet.
Bald kommt wieder der Tag
und alles beginnt von Neuem,
wieder der erste Schritt Richtung Jammer
und verlogenem Lächeln,
wieder der erste Schritt,
den ihr bereits tausendmal gegangen seid.
Spricht wirklich die Zufriedenheit aus euch?
Ich sage: Es ist Zeit für Veränderung,
denn ihr solltet wieder ehrlich zu euch sein.
Drum frage ich euch:
Soll das schon alles sein?
Als ob das Leben eine ewige Wiederkehr sei,
als ob ihr mehr als eine Chance hättet,
etwas besser zu machen!

III

Angst sorgt für Kreisbahnen!
Oder geht ihr gleiche Wege
bloß aus Gefallen, nur aus Wohlgefühl?
Etwa doch? Weil ihr euch entschieden habt?
Ja, man merkt es euch an: Angst sorgt für Lügen
und ich kenne keine größeren Lügner
als euch, ihr Blinden, ihr Narren!

Schweig' ! Du redest viel zu viel!
Lass' uns unsre gute Laune!

Fest und mit ganzer Kraft
greift ihr nach allem, was euch im Kreise hält,
der euch wohlvertraut ist.
Ihr braucht das Vertraute,
ihr müden Kreisgleichschrittgänger!
Vorsicht! Ich schieße weiter mit Pfeilen!
Vorsicht! Sie könnten eure Blindheit zerstören,
euch sehend machen, wenn ihr es wollen würdet,
und neue, ja, schrecklich fremde Wege beleuchten!
Aber auf ihnen zu gehen,
das habt ihr noch nicht gelernt.
Wer auch sollte es euch beibringen?
Ich etwa? Nein, das wäre zu viel!
Nur Unzufriedenheit darüber,
was ihr Leben nennt, was ihr Glück heißt,
will ich euch schenken.
Laufen lernen, müsst ihr alleine!
Erinnert euch! Los, nur Mut!
Sagt, nach welchen Worten ihr lebt!
Will keiner ein Beispiel geben?
Monotonie! Ihr lebt eine ewige Wiederkehr
und gebt alldem solch großes Wort – Glück!

Wiederkehr bringt Sicherheit,
drum lass uns die Kreislaufbahnen!

Wahrlich, das Lügen, das Selbstbetrügen,
das Nachlaufen auf Kreislinien,
das habt ihr gelernt,
als hättet ihr keine anderen Fähigkeiten,
als sei alles ein festgelegter Ablauf,
als gäbe es nichts Neues, noch Unbekanntes!

IV

»Aber was sollen die unsinnigen Worte?
Was ist das für eine Rede?«
Höre und sehe ich euch das nicht fragen?
Sie ist ein erster Schritt,
ein neuer, ein freilich ungewisser
für euch Blinde, für euch Narren.
Wieso beschimpfe ich euch mit diesen Namen?
Weil ihr nicht sehen wollt,
es aber könntet! Ja, ihr könntet es!
Aber diese brennenden Pfeile
fliegen bereits durch euch hindurch.
Ich erkenne es an eurem Lächeln,
das mir all eure Lügen zeigt.
»Wehe dem, der einen Pfeil fassen will«,
denkt ihr mit bebenden Körpern.
Also spreche ich zu euch:

Fasst sie! Jetzt!
Verbrennt euch an ihnen! Jetzt!
Denn das ist meine erste Rede,
nach langem, tiefem Schlaf.
Ach, ich sehe es,
ihr habt Angst, sie zu greifen,
ihr wollt sie nicht empfangen,
wollt nicht hören, ihr Tauben,
denn der Gleichschritttakt ist euch vertrauter,
als meine Pfeile es je sein könnten.
Geht nur, versteckt euch auf euren Kreisbahnen,
auf Krücken, hinter euren großen Worten.
Heute kann ich noch nicht genügend
reinste Unzufriedenheit schenken.
Nur wähnt euch nicht in Sicherheit!
Ich bin ein Mensch und will euch beschenken,
werde euch wieder Pfeile nachschießen
und dieselbe Frage stellen:
Soll das schon alles sein?

– Spott und Gelächter –

Vom Klang der Worte

I

»Du sprichst wie der Totgeglaubte.
Sein Bart war lang und weiß
und seine Reden waren gefährlich weise.
Wir wollten sie nicht hören!
Sag', welches Geschenk, welche Gabe
brachte uns einst der Alte vom Berg?
Übermensch nannte er es,
und was war dieser Übermensch
denn mehr als Schall und Rauch,
eine bloße Idee eines Verwirrten,
die uns, die Vielen, die Träger der Wahrheit,
ins Chaos stürzen wollte?«

Nietzsches Weiser? Nietzsches Weiser?
Haben wir ihn nicht einst getötet?

»Nein!«, spottet ihr, »Dies war kein Geschenk.
Es war die Rache der Unwahrheit!
Wieso rissest du also seine Zunge
aus seinem verstaubten Mund?
Wähnst du etwa, dass wir,
die Vielen, die recht Lebenden,
einem Unbekannten mit bekannter Zunge

plötzlich strenges Gehör schenken?
Ach, leicht, ja, federleicht ist dein Glaube –
der Glaube des Einzelnen,
bevor auch dein Mund vertrocknen wird,
weil du lange und weise Reden hieltest
und seine Leichtigkeit dich so sehr
zum Einzelnen-Himmel emporführte,
dass du nicht mehr sehen wirst oder sehen willst,
wie wir uns alle abwenden werden.
Nimm lieber unseren Rat an!
Schweig'! Und geh' unsere Wege
und wir werden dich erhören,
sprichst du endlich wieder unsere Sprache!
Schweig' und stirb mit uns – statt einsam!«
Also höre ich euch sprechen,
ihr Vielen, ihr Immergleichen.

II

Wie einfältig ihr seid,
verwechselt ihr doch der Worte Klang
mit deren Bedeutung!
Ihr denkt, dass meine Liebe
und Weisheit und Tugend
gleich der des verstaubten Dichters seien?
Freilich, auch er schoss einst mit Brandpfeilen
nach euch, ihr längst Totgewussten.
Ein guter Schütze war er leider nicht,
sonst könntet ihr euch heute keinesfalls

die Vielen, die Weisen nennen,
oder welche Beschönigungen ihr als Namen beansprucht.

Höre! Wir sind schlechte Ziele
für die Dichter und die Denker!

Seine Flammen strahlten anders als meine.
Also Augen auf!
Ich rede nicht vom Übermenschen,
vom lächerlichen, träumerischen Ziel –
als ob ein Saatkern gleich Früchte tragen könnte,
ohne jemals ein Spross,
gar ein Baum gewesen zu sein.

Klein sind alle großen Worte,
wenn dahinter gar nichts steht!

Hört! Mein Feuer erfasst euch dort,
wo ihr Federleichtgläubigen
euch eure zu groß geratenen Münder
in langen und unnützen Ansprachen trocken redet
und von wahren Träumen und rechtem Streben sprecht,
auf dass ihr wieder eure schönsten Fantasien
euch vorlügen und daran erfreuen könnt.
Aber je mehr Worte ihr mir schenkt,
desto besser kann sich mein Feuer nähren.
Ich rufe euch nicht zum Schweigen auf.
Redet nur, eifrig und viel, und verbrennt alsdann!

Also Augen auf! Ich bin nicht der Zarathustra.
Wir sind im Geiste verwandt,
ja, ich bin einer seiner Erben.
Ich bin es, der verkündet:
Nehmt nie das volle Erbe der Verwandten an!

– *Spott und Gelächter* –

Etwas Bedenkliches

Was haben alle gemeinsam?
Ich meine die Großen, die Kleinen,
die Gewalttätigen, die Unterdrückten,
die Herrscher, die Ideenlosen,
der Pöbel, der geglaubte Überpöbel,
die selbsternannten Gelehrten,
die Nietzscheianer, die Analytiker,
die Regierenden, die Zeitungsschreiber,
die Glücklichen, die Erfolglosen –
was macht sie alle gemein?
Lasst sie schlicht
von ihren Liebsten verlassen sein.
Macht sie einsam!
Lasst ihren Ruhm schwinden!
Wendet eure Blicke ab!
Schaut, wenn sie krank werden!
Schaut, wenn ihre Familie
allmählich dahingerafft wird!
Hört ihre Zusammenbrüche,
wenn sie ihre Ziellosigkeit erkennen,
wenn ihre Wahrheiten enden,
wenn niemand mehr Freund sein will!
Wie groß, wie mächtig
ist dann die selbsterdachte Krone?

Und wie allgemein,
wie alltäglich, kleinlaut,
scheu wie ein Nagetier,
wie ein warmes Lüftchen,
wie ein abgebranntes Kerzchen sie sind.
So gerne spielen sie ein Schauspiel,
und nicht nur sie,
auch ihre Gegenteile,
doch letztlich sind sie gleich,
alle sind sie gleich,
denn Leiden ist der größte Gleichmacher!

– *tiefes Schweigen* –

Über die Bildung

I

Armselig sind mir die Bildenden,
welche selbst nie gebildet wurden.
Als unwürdige Parasiten
sorgen sie für unheilvollen Schaden –
in Kürze wie in längster Länge.
Unwissend im Handwerkzeuggebrauch,
frei von Klugheit und Verstand,
lesen sie, wenn sie es können, nur vor,
was sie selbst bei Leibe nicht durchdringen könnten.
Diese Bildenden, diese Schädlinge,
was sind sie mehr als Wiederholer?
Immergleiche Phrasen, Unmenschlichkeit
und traurig-lustigste Unbeholfenheit
sind ihnen eigen – dies findet Akzeptanz.
Bei wem? Bei den Vielzuvielen!
Denn sie wollen schlecht gebildet sein.
Unverstand bringt Sorgenlosigkeit,
Unwissenheit ein leichtes Gemüt,
Unaufgeklärtheit Ruhe!
Und selbst die Bildenden
heißen ihre Mängel noch vortrefflich –
was interessiert sie es auch?
Gestattet mir, diese Kritik zu wiederholen:

Egal sind ihnen ihre Mängel,
denn sie wollen nicht bilden,
denn sie wollen ihr tägliches Brot!
Fragt euch nur einmal! Kommt, fragt!
Wie ehrenwert, wie groß, wie vortrefflich
könnte, nein, müsste der Bildende sein?
Ach, wäre dieser Meisterberuf nicht durch Schädlinge,
durch dieses Geldklimpergesindel
fast bis zur Unkenntlichkeit entstellt!
Nun fragt euch alleine!
Wie wollt ihr eine Zukunft erreichen,
wenn ihr den Weg gar nicht kennt?

II

Wo die Bildenden Zerstörung
und nichts als diese walten lassen,
dort entsteht Perspektivlosigkeit,
das heißt: Zucht der Orientierungslosen!
Freilich! Ihr wisst es!
Denn ihr seid es!
Ihr seid alle in Bewegung,
wohlvertraut, aber ewig blind,
blind im Gleichschritttakt.
Wohin wollt ihr?
Die Frage versteht ihr nicht, nicht wahr?
»Jemand sagte einst«,
das ist eure Reaktion,
»Geh'! Geh' hier entlang!«

Manche blieben skeptisch,
also sprach dieser jemand:
»Geh', wie wir alle gehen,
nur so erreichst du das Glück!«
Das sagten die Bildenden und versagten.
Aus Selbstzwecken wurden Mittel,
aus Menschlichkeit wurde Werkzeuglichkeit
und alle bejubeln und rühmen dies,
weil es gerühmt und bejubelt werden soll.
Wer nun den Lauf der Zeit anfleht,
der schließe jetzt nicht seine Ohren:
Ja, hin und wieder endet das Leben
eines Parasiten, eines Schädlings –
im Gleichschritttakt folgt aber ein neues,
ein junges Einerleiwerkzeug,
ohne Orientierung, ohne Möglichkeiten,
nur mit einer Bestimmung,
welche man einst zutrug:
»Du tust, was gesagt wird,
mehr vermagst du ohnehin nicht.
Drum diene! Diene uns!«

III
Nun werde ich leise,
still und tief wie ein Weiher,
mondbeschienen in einer Herbstnacht.
Diese Worte sind für die Wenigen,
die Vielzuwenigen:

Unbildung der Bildenden
sorgt für Unbildung, für Unmenschlichkeit.
Ihr erkennt den Kreislauf?
Wann begann er?
Wo begann er?
Wann und wo endet er?
Ein Gleichnis sei die Antwort,
für euch, ihr Wenigen, wenn ihr mich hört:
Wann wird aus einem Samen ein Keim,
aus einem Keim ein Spross,
aus einem Spross ein Pflänzchen
und daraus schließlich ein Baum?
Kristallklar wird die Antwort nie sein.
Wann endet ein Baum?
Wohl wenn er stirbt.
Reicht es, ihn zu fällen?
Manchmal, aber oft genug, viel zu oft,
sieht man wieder einen Spross.
Sicher verendet der Baum,
wenn er gänzlich entwurzelt ist.
Das braucht Zeit – ihr ahnt es wohl.
Und sie wird zur Unendlichkeit
ohne Kenntnis der richtigen Fragen:
Wo liegt die Wurzel?
Was ist zu tun?
Und! Wer kann es tun?
Richtiges Fragen führt einen Schritt,
wenngleich einen kleinen, näher

zur richtigen Antwort
und damit zur Veränderung.

IV

Wer gebraucht die Unmenschlichen?
Sind es Menschen? Oder Übermenschen?
Oder gar Götter? Ha!
Es sind euresgleichen!
Nur Schein erzeugt einen Unterschied
zwischen ihnen und euch.
Lächerlich, allzu lächerlich ist es,
wenn ihr glaubt, nur Werkzeug zu sein.
Aber macht ihr euch lächerlich, dann glauben sie,
mit euch bauen, errichten, schaffen zu können.
Die Lächerlichkeit sehen sie als Werkzeug!
Sie wähnen und heißen sich Schöpfer,
Befehler, Lenker, Wegemacher.
Aber alle seid ihr im Herzen gleich –
gleich ungebildet, gleich unmenschlich,
ja, gleichschritttaktgleich!
Auf euren Kreisbahnen, den ewigen,
ziehen sie euch, willkürlich, unbemerkt,
und ihr schiebt sie, willkürlich, unbemerkt.
Das ist euer aller Lebensgeheimnis.
Niemand kann allein' die Bahnen,
die immergleichen,
jeden Tag aufs Neue gehen,
wenn nicht die Notwendigkeit,

eure einzige und schwerste Last,
euch an der Kehle packte
und eine Führerin wäre!
Hieraus, ich spreche wieder leise,
hieraus erahnt man die Ursache,
die stillste und tiefste Ursache,
für die selbstverschuldete Eiszeit.
Es sind nicht die Mächtigen,
oder die Schwachen, oder die Ungebildeten,
oder Orientierungslosen, oder Zerstörer –
ihr alle, hört, ihr alle seid das Übel!

– wütendes Raunen –

Von Dichtern und Wissenschaftlern

I

In einem Lande, das sich rühmt,
im Buch seiner Geschichte
die Handschrift großer Schöpfer zu haben,
ist nunmehr keine Seite frei
für Gleichartige, für Zukunftsweisende.
Das Buch scheint voll – das scheint gut.
Ein neues zu beginnen – das scheint schlecht.
Denn Neues, wenigstens Wiederbelebtes,
zieht in den Kampf mit dem Bestehenden
und siegt meist mit hellem Jubelschrei!
Freilich – das scheint traurig –
meinen ein paar verborgene Hände,
eine Feder vortrefflich führen zu können,
auf dass eine neue Seite entstünde.
Nur schaut auf ihre Worte, auf ihre Verse,
ihre Versuche, ihre Gedanken –
sie schreiben nichts Neues!
Sie überschreiben Geschriebenes,
verdicken nur dieselben Schriften!
Das heißen sie aber: einen Beitrag leisten.
Das heißen sie aber: denken,
einen Platz in der Geschichte einnehmen,
einen Platz, auf dem Tausende sitzen,

auf dem es sich himmelwärts stapelt.
Ja, das zeigt ihre Größe.
Erst einer eigenen Handschrift bedarf es,
zuvor wahrlicher Gedanken,
zuvor eines Blickes für das Gewohnte,
zuvor vielleicht auch des Glücks –
ein Gewinn im Zufallsspiel
mit dem Los des Ungebildeten –
ich meine den ihr den Ungebildeten heißt!
Vielleicht schreibt ein solcher
bald eine erste, frische, reife Seite
in ein neues Geschichtsbuch.

II

Sich auf den Zufall zu verlassen,
das ist Denken für die Allerärmsten,
und falls sie nicht bereits
eine Mehrheit gebildet haben,
diese stets seelenruhig Schlafenden
und von Fest zu Fest Ziehenden,
lauscht meinen Worten!
Eine Landschaft, von hier und da betrachtet,
zeigt sich von hier und da verschieden.
Unendlich viel schenkt sie zur Beschreibung,
noch mehr zu unterschiedlichen Zeiten.
Welche ist die korrekte Beschreibung?
Und warum? Gibt es nur diese Möglichkeit?
Heißt korrekt gut, nützlich,

empfohlen, erzwungen, folgerichtig,
selbsterdacht und und und?
Ha! Denkt gefälligst mit!
Alles kann es heißen, oder nichts, oder anderes.
Woher also die Eitelkeit,
nur ein Korrektes zuzulassen,
egal ob im Denken, Sehen,
Schreiben oder Hören?
Noch nie gab es so viel Eitelkeit
bei den geglaubten oder empfundenen Denkern
wie in dieser heutigen, ach, so lächerlichen Zeit.
Und was nützt all dies? Ja, was?
Monoton wird das Leben betrachtet,
monoton erklärt, monoton verarbeitet,
es wird selbst monoton,
langweilig, stumpfsinnig,
eingeengt und umgebogen
zu einem kleinen Kreis,
über dessen Rand man nicht
schauen darf – aus Eitelkeit!
Vielleicht steckt in Eitelkeit aber nur Angst!

– ängstliches Lachen –

Über die Ungeduldigen

I

»Aber wir schreien nach Veränderung!
Woher also dein Gleichschrittspott?
Schon immer waren wir in Bewegung,
trugen Flaggen in die Zukunft,
auf denen mit Blut geschrieben stand:
Hinfort mit allem Bestehenden!
Wir wurden nicht müde,
sie zu tragen, zu marschieren, zu schreien.
Plötzlich wähnst du dich,
dies zu verspotten.
Hörtest du noch nie vom Hass der Masse?«
Droht mir mit euren Worten,
umso leuchtender werden die meinen,
meine rotglühenden Feuerpfeile, sein.
Ihr bewegt euch, fürwahr!
Doch wo und wie – fragt euch das!
Ihr wollt Veränderung, fürwahr!
Doch welcher Art – fragt euch das!
Eine Kreisbahn mit frischen Blumen,
mit weniger Steinen
und hier und da ein kleines Schildchen,
bleibt, bleibt und bleibt
eine Kreisbahn, ihr Flaggenträger!

Es ehrt euch euer Veränderungswille.
Daher ist es noch nicht um euch geschehen.
Doch ein Wille mit unnützem Gegenstand,
bleibt, bleibt und bleibt
ein vergeudeter Gleichschrittwille!
Hört auf, abstrakt zu sein,
abstrakt zu denken, abstrakt zu gehen,
denn der Wandel ist ein Einzelnes,
ein fest Bestimmtes! Hört ihr?
Allgemeines allgemein ändern zu wollen,
zeigt euren Willen, der ins Leere wandert
und schließlich Kreisbahnen schafft.

II

Da ein Beispiel gut tut,
wenn die Gedanken neblig werden,
gebe ich ein solches,
um durch meine Nebelgedanken zu führen.
Einige und immer mehr wimmern:
»Nieder mit der Ordnung!
Auf mit Gleichheit der Ränge!
Nieder mit Herrscher und Beherrschten!
Auf mit großem Miteinander!«
Sofern die Alltagsmüdigkeit
nicht einen trägen Schlaf erschuf,
klingt dieser Ruf in vielen Ohren
und schallt sogleich ohne Geist
erneut aus neuen Mündern.

Denn jeder soll die Forderung vernehmen,
in sich einverleiben oder wenigstens
vor Angst erstarren –
das heiße ich Rache der Parolenrufer!
Im Großen, ja, Allgemeinen
dröhnen die Worte.
Neigt sich der Tag dem Ende,
wird die Sonne still und golden
und jede Straße leer,
dann kehren die Rufer heim,
ja, ins traute Heim,
jenes mit seiner Ordnung,
jenes mit seinen Herrschern
und, freilich, Beherrschten.
Das traute Heim:
Ort der Unterschiede, Ort der Ränge
und des kleinen Gegeneinanders.
Sie, die Rufer, fordern Allgemeines
und leben gegenteiliges Konkretes.
Wen wundert es noch,
dass die heilige Veränderung ausbleibt?

III

»Wenn wir schändlich leben,
wie du es witzig von dir gibst,
dann begann dies Leben einst.
Sag', wann und wie begann es!
Wir wissen dies nicht –

ein Grund für uns,
dir, du Spötter, zu misstrauen.«
Wohlan, doch im Rätselgleichnis!
Einst saht ihr ein Erdfleckchen,
still und von Bäumen umgeben,
heimlich grünend, heimlich duftend.
Wo es grünt und duftet,
da muss etwas verborgen sein –
das war der erste Schluss.
Sodann grubt ihr und grubt.
Das Grün und der Duft schwanden.
Nur Erde, nichts weiter,
kann das sein, darf das sein?
Holt Wasser! Holt Wasser!
Die Erde und das Verborgene
müssen schnell getrennt werden –
das war der zweite Schluss.
Aus Erde wurde Schlamm,
aus Schlamm ein Sumpf.
Ach, wie viel Wasser ihr vergeudetet!
Aber hier ist nichts
und der Sumpf lässt keine Flucht zu.
Nun gut, so sei es, amen!
So bleiben wir hier im Sumpf.
Vielleicht findet sich noch
das Langersehnte und Langersuchte –
das war der dritte Schluss.
Aus eurer Dummheit, zu spät bemerkt,

wurde heute das,
was ihr alltäglich seid.

IV

Und wie gelangt man aus dem Sumpf?
Gibt es einen Weg? Kennt ihr ihn?
Ja! Ihr meint ihn zu kennen.
Ich sehe es euch an!
Revolution! Los! Schreit es endlich!
Aber ich schreie zurück. Falsch!
Dreimal falsch!
Wer in den Sumpf stieg,
der hatte Zeit, viel Zeit.
Töricht ist der, der glaubt,
man könne ihm schneller entweichen,
als man ihn betrat.
Aber was liegt daran? Ihr wollt Antworten!
Wohlan! Aber in Gleichnissprache:
Wenn ihr eine Wiese seht,
so spielt ein Spiel,
das heißt: Suche das Kleeblatt –
das mit den vier Blättern.
Mühsam wird die Suche,
schnell schwindet die Lust,
doch Ausdauer wird einst belohnt!
Der Blick schärft sich allmählich
und endlich ist es gefunden
und der Blick bleibt scharf,

er entschärft sich so schnell nicht.
Was ist das? Ein weiteres?
Und dort? Etwa noch eins?
Erst keines, dann so viele?
Ist das Zufall? Nein!
Was dann? Entwicklung!
Lernt den langen Atem,
lernt das Spielespielen,
auf dass ihr wieder lernt,
ein Gleichnis zu erraten.
Noch ist Zeit, drum spielt!

– *verständnislose Stille* –

Über das Handwerk des Philosophen

I

Hier nun schieße ich
mit meinen feurigsten Brandpfeilen,
in der größten aller Hoffnungen,
einen Gelehrten des Denkens
mitten in sein Herz zu treffen.
Hört und seht!
An vielen, an den allermeisten,
ziele ich jetzt, bewusst, vorbei.
Doch obschon ihr nicht alle Feuer fangt,
schaut, wie meine Pfeile
die eiskalte Alltagsdenkerluft zerschmelzen,
manche Dunkelheit in Licht verwandeln.
Auch hier gibt es für alle
reichlich, überreichlich zu lernen.
Wer noch ein Herz hat,
der zeige es mir nun!
Sagen wir, es gäbe ein Problem,
sagen wir, ihr alle seid es,
dann gilt es, euch zu lösen.
Wie? Mit Wort und Tat.
Alle Worte sollen der Tat dienen
und alle Taten neuen Worten!
Wer lösen will, seziert nicht bloß,

der analysiert nicht bloß, der redet nicht bloß –
hört ihr dies, ihr Analytiker,
ihr Abtrünnigen der Philosophie?
Und ich betone noch einmal das Bloß,
denn nicht eure Arbeit
oder euer Streben
schätze ich so gering wie möglich,
sondern euer eitles Bloß!
Wer lösen will, der schafft,
der lässt entstehen, der redet –
nicht wild daher, sondern des Zieles wegen –
hört ihr es, ihr Chemiker der Begriffe?

II

Was ist Liebe?
Oder wie ihr sagt: »Die Liebe«?
Sie ist etwas ganz und gar Leeres.
Aber seht noch einmal,
ich habe doch das Problem benannt,
also lasst uns die Leere füllen,
horcht genau, lasst sie uns sinnvoll füllen,
damit das große Problem,
das heißt ihr, gelöst werdet.
Was ist Freundschaft?
Was ist Glück?
Bisher etwas Unerfülltes,
ja, Ungefülltes – versteht ihr?

»Aber dieses und jenes,
das lehrt fürwahr die Alltäglichkeit,
hat doch bereits eine reiche Fülle,
eine ganz und gar bestimmte.«
Aber diese Fülle ist eine endlose Leere,
schaut nur auf das Problem, schaut auf euch!
Löst eure leere Fülle!
Werdet endlich tätig!
Ich rate euch, gleich dem Weintrinker,
dessen Zunge jenen nicht schmecken will,
leert, wenn ihr an Fülle glaubt,
die Gefäße und schenket ein,
was wahrlich den Durst löscht!
Versteht ihr dieses Gleichnis?
Ihr wollt den Durst löschen,
ihr wollt euch gar auflösen,
denn seid ihr einmal ehrlich,
im Verborgenen bliebet ihr Menschen
mit ewigem, unerfülltem Durst.
Doch seid ihr nie ehrlich genug!
Leert eure Weingläser,
dann wird aus einem Nie ein Endlich!

III

Die Freundschaft, die Liebe
und schließlich das Glück,
all das gibt es nicht.
Wer wider diese Weisheit predigt,

den frage man nach dem Grund
seiner Sucht nach Gleichmacherei,
nach Gleichschrittleben,
das ein Gleichschrittstreben ist.
Fragt einen solchen mit Mut,
denn die Antwort wird schwer,
wird euch beladen,
wird euch ein Spiegel sein.
Irgendwo ist der Gleichmacher ein Mensch,
ein Wesen, das schreit: »Ich will!«
Aber er erkennt sich nicht,
weiß weder über Schwächen
noch über Stärken Bescheid,
als sähe er auf sich
und erblicke einen Nebel
der Ahnungslosigkeit und Unwissenheit.
Aber unwissend und ahnungslos
will dieser Mensch etwas.
Doch dann, oh Schreck, oh Weh,
oh grausige Pein,
er bekommt es nicht.
Das erzürnt ihn schmerzlich.
Eilend schließt er alsdann
gemäß der Kunst der Gleichschrittgeher:
»Gut, so suche ich etwas anderes
und dies sei Macht über andere.
Ich bemächtige mich euch,
mache euch alle gleich!«

Und er vergisst in seinem Wahne,
dass alles Wahnsinnige Ablenkung ist –
vom Schmerz des Nichtbekommens.

IV
Wenn ihr begreift,
wer eurer Gläser Schankwirt ist,
dann gebt mir auch Acht
auf die Art und Weise
eures neuen Befüllens.
Unterschätzt nicht der Fragen Macht,
welche stets heißen:
Warum? Wie? Wie viel?
Zu oft ist das Glas zu voll,
man trinkt und trinkt
und verliert sein Ziel vor Augen.
Die stärksten Trinker, die Analytiker,
singen davon jeden Tag
im tiefsten Rausch ihr edles Trinkerlied,
das sich des Nachts
wie am Tage in sie frisst
und sie allmählich zu leeren Hülsen macht.
Prägt euch gut ein:
Wie ihr denkt, so seid ihr.
Wie ihr seid, so denkt ihr.
Spürt ihr, wie diese zwei Pfeile brennen,
erkennt ihr das Geheimnis
ihrer rotfunkelnden Farbenpracht?

Der Mensch ändert sich nicht?
Nichts verändert sich?
Ist das nicht ein Denken,
ist das nicht der Spiegel eurer selbst?
Ist es nicht an der Zeit,
ein neues Denken zu wagen?
Und wie? Ja, wie?
Leert die Gefäße der Alltäglichkeit
und füllt sie mit aller Bedacht.
Sobald ihr den fremden Geschmack spürt,
seht nur, was mit euch geschieht,
was mit euch geschehen kann!

V

Vielleicht braucht all dies Zeit
und damit meine ich auch Mut.
Aber gleich dem bärtigen Einsamen
hoffe ich tief auf den Tag
der großen Veränderung,
des Geradeausgehens
in fremden Takten, auf eigenen Beinen.
Nur wenigen ist dies Vorbehalten –
zunächst.
Diese Wenigen, die Allerwenigsten,
tausendmal weniger als ihr,
auf die ich soeben schieße,
diese haben eine der größten Aufgaben
und damit die größte Verantwortung,

die wohl je denkbar ist:
Sie haben zu lehren,
ihren Mut, ihr Wissen,
ihre Tatkraft, ihren Glauben
zu verbreiten, zu verschenken,
mit allen Künsten,
die sie beherrschen,
wissend um jede Methode,
wissend um jedes Wie,
und Wie-Viel und Warum!
Bald werden aus Wenigen Viele
und aus Vielen ein Beweis,
dass es um euch, ja, um uns,
noch lange nicht geschehen ist,
dass wir stets aus dem Kreis
des Alltagstaktes entfliehen können,
um wohl das größte Ziel zu erreichen –
endlich wieder Menschen,
das heißt Strebende,
Voranbringende, das heißt Liebende,
das heißt Glückliche zu sein.

– *Neugier* –

Aus dem Spiel des Lebens

I

Regeln gibt es und gibt es nicht,
sie entstehen zu gewissen Zeiten
und werden wiederum gebrochen,
denn sie sind ein Lebensmittel
und niemals ein Lebenszweck.

II

Wer aber nach Mitteln sucht, der höre:
Was du für würdig befindest,
sei es groß, sei es klein,
das lerne und übe bis zur Meisterschaft –
dann aber lehre es!

III

Weißt du, was du bist,
erkennst du sowohl deine Grenzen
als auch deine Unendlichkeiten,
dann handle gemäß dem Erkannten,
sonst treibt dich die Sicht Fremder.

IV

Verschlafe nicht den Tag
und keinen seiner Momente.
Sei wach! Nutze den Kairos,
wo du glaubst, es seien
der rechte Ort und die rechte Zeit.

V

Oft wird die Luft arm,
das Atmen fällt schwer.
Dies sei dir ein Zeichen,
einen langen Atem, einen tiefen,
endlich einzuholen.

VI

Du bist ein Geheimnis,
unergründlich, still verborgen für andere.
Aber willst du dein Versteck verlassen,
dann teile dich ihnen mit.
Du bist dein Erkenner und dein Erzähler!

VII

Regeln nützen hier und da.
Kommt ein neuer Tag, kommen neue Regeln.
Kein Regelwerk ist von ewiger Dauer.
Was liegt an meinen Reden?
Nutze sie oder erschaffe eigene!

Der Abgesang

I

Wenn sich der Abend glutrot zeigt,
nur leiser Wind über Felder streicht,
höre ich allabendlich ihr Lied,
ihren hohen Gesang auf ihr Leben.
Was ist meine Freiheit,
hier, in diesem singenden Käfig?
Gefangen bin ich, viel zu lang,
meine Flucht war ein Missverständnis,
auf dass ich nunmehr gemartert und ermattet
gleich einer Zoobestie meinen Blick senke,
aber immerzu Zorn in mir spüre,
sein Wachsen wahrnehme,
seinen Ausbruch erwarte,
bis der Moment endlich kommt
und ich brüllend gegen Eisengitterstäbe
und fast gegen die Gaffer renne
und immer wieder schreie: Ich will weg!
Doch dann fragt es sich,
frage ich mich ruhig, mich beruhigend:
Weg, aber wohin? Weg, aber wie?
Weg, aber warum?
Hier erst wird es interessant,
hier zeigt sich meine Probe,

der ich mich unterziehen will,
vielleicht zum Wohle der Gaffer und Nichtversteher,
aber vor allem meinetwegen!
Wohl, es ist nicht an der Zeit,
aus diesem Käfig auszubrechen –
das wäre mein zweites Missverständnis!
Es ist an der Zeit, eines zu zeigen:
Diesen Käfig gibt es nur für sie –
auch für mich, aber nur als Teil von ihnen,
aber nicht, wenn ich einsam sehe
in Richtung einer geheimnisvollen Zukunft,
die im Abendrot verborgen liegt.

II

Ich frage mit Ernst: Warum fliehen?
Bin ich nicht frei, wenn ich recht sehe?
Bestimme nicht ich mein Denken,
mein Fühlen und damit mein Verändern?
Zu wenige erkennen das
und die Allermeisten tönen lieber ihr großes Lied.
Es schenkt ihnen Einigkeit, weist ihnen den Weg.
Mir schenkt es aber nur eine Frage:
War alles vergebens?
War jedes Wort zu viel,
verschenkt, gänzlich umsonst?
Ging nur ein Herz im Pfeilfeuer auf,
sah nur einer von ihnen
scheu, aber immerhin,

von oben auf seinen Lebensweg?
Wo bloß ist mein Lied?
Wo ist mein Quell der Hoffnung,
ja, mein Wegeweiser?
Und sofern ich es finde,
wer reiht sich in meinen Gesang ein?
Wer wagt es, mit ernstem und lachendem Auge
auf meine Pfeile zu achten,
sodass er mitsingen kann?
Schluss! Die Frage ist zu viel,
gestellt zur falschen Zeit!
Nur ein Ziel habe ich:
Mein Lied muss ich finden
und es mit allen Kräften
in den Alltag singen, nahezu schreien.
Man soll es hören
und sich über die Verse wundern,
aber langsam neugierig mitsummen
und vielleicht erfahren,
wie viel Veränderung ein neues Lied bringen kann.
Wo also bist du, mein großes Lied?

III

Still wird das Land, schwärzer der Abend
und am lautesten ihr Gesang. Jetzt oder nie!
Hier sei mein Lied:
Das neue Weintrinkerlied! –

Ein Wein, gereicht aus fremder Hand,
der schmeckt mir nicht.
Meinen eigenen will ich genießen!
Hoch die Gläser! Hoch die Gläser!
Wie macht man doch gleich Wein?
Was soll's, ich bringe es mir bei.
Denn ich will eigenen Wein!
Hoch die Gläser! Hoch die Gläser!
Willst du eigenen und weißt nicht wie?
Komm' nur, ich zeige es dir.
Jedem sein Wein, jedem für alle!
Hoch die Gläser! Hoch die Gläser!
Du willst meinen schmecken und ich deinen?
Lasst uns die Rezepte zeigen und dann:
Hoch die Gläser! Hoch die Gläser!
Und wir trinken,
solang' wir wollen, solang' wir können.
Hoch die Gläser! Hoch die Gläser!
Was kümmert uns der Alltagsmensch?
Wir sind durch und durch Zecher!
Darum: Hoch die Gläser! Hoch die Gläser!
Und noch einmal vollgeschenkt,
denn noch lange bleibt der Mensch
und gibt manches noch zu lösen.
Was ist besser als eigener Wein?
Also: Hoch die Gläser! Hoch die Gläser! –

Ich bin zu leise,
ich bin zu leise,
ihr Gesang saugt meinen auf.
Doch was ist das?
Was geschieht? Höre ich Hoffnung?

Das neue Gleichschrittlied

Gleichschritt, Gleichschritt überall,
Gleichschritt, Gleichschritt, gleicher Schall.
Meine Reden sind vorbei.
Gleichschritt, Gleichschritt überall,
Gleichschritt, Gleichschritt, gleicher Schall.
Wieder klingt das Einerlei.

Gleichschritt, Gleichschritt überall,
Gleichschritt, Gleichschritt, gleicher Schall.
Mächtig ist der Alltagstrott.
Gleichschritt, Gleichschritt überall,
Gleichschritt, Gleichschritt, gleicher Schall.
Zu schwach sind noch Tat und Spott.

Gleichschritt, Gleichschritt überall,
Gleichschritt, Gleichschritt, gleicher Schall.
Aber etwas reiht sich ein.
Gleichschritt, Gleichschritt überall,
Gleichschritt, Gleichschritt, gleicher Schall.
Man fragt: »Soll das alles sein?«

Inhalt